LAZARINA

OU

LES PRINCIPES

DIALOGUE

SUR

LA CONTRAINTE PAR CORPS

PAR

UN ALGÊRIEN PROGRESSISTE

> Multa duritiei Veterum meliùs et lœtiùs mutata.
>
> TACITE.

> La liberté et la vie sont d'ung seul pas.
>
> MICHEL DE LHOSPITAL.

ALGER,
IMPRIMERIE TYPOGRAPHIQUE ET LITHOGRAPHIQUE BOUYER
Rues de la Marine et de la Flèche.

1860

LAZARINA

OU

LES PRINCIPES

DIALOGUE

SUR

LA CONTRAINTE PAR CORPS

PAR

UN ALGÉRIEN PROGRESSISTE

Multa duritiei Veterum meliùs et lœtiùs mutata.

TACITE.

La liberté et la vie sont d'ung seul pas.

MICHEL DE LHOSPITAL.

ALGER,

IMPRIMERIE TYPOGRAPHIQUE ET LITHOGRAPHIQUE BOUYER

Rues de la Marine et de la Flèche.

1860

Sunt quœdam non laudabilia *naturâ*, sed *jure* concessa, et aliquid *œquum*, sed prohibitum *jure*.

QUINTILIEN.

Il est des choses que n'approuve pas la *nature* (la raison et la religion), mais que tolère le *droit* (l'intérêt public), et ce que l'*équité* (le droit philosophique et religieux) commande, quelquefois le *droit*, (l'équité sociale et pratique) le défend.

I.

Par un de ces rares bonheurs, précieux apanage des pays *aimés du Ciel*, et qu'elle doit autant à son voisinage de l'Europe, qu'à sa situation ethnologique, religieuse, administrative et judiciaire, l'Algérie possède depuis plusieurs années, et désormais possédera toujours davantage, le don d'appeler sur ses rivages, grâce à une irrésistible attraction, tous les Européens avides à un titre quelconque, ne fut-ce qu'à celui de touriste, de se procurer, à peu de frais, le plaisir de visiter, en quelques jours, une contrée qui, sous plus d'un rapport, ressemble aux diverses contrées de l'Europe, et en diffère sous tant d'autres. C'est que, moralement et physiquement parlant, l'Algérie tient, en quelque manière, le milieu entre l'extrême Orient et l'extrême Occident, l'extrême Sud et l'extrême Septentrion, et que par sa température, son sol, ses races, ses religions, ses mœurs, ses lois et ses intérêts, elle semble avoir emprunté quelque chose à tous les peuples de l'univers, — comme si tout concourait à faire d'elle, à un moment donné, le rendez-vous naturel, sinon du globe entier, tout au moins des deux continents du Vieux-Monde.

Aussi n'avons-nous pas été surpris d'apprendre par un de nos amis toujours à la piste des visiteurs distingués de notre terre africaine, que le courrier de France avait, il y a deux mois environ, déposé sur le quai d'Alger, sans bruit et sans éclat, dans le mystère du plus impénétrable incognito, trois hauts personnages : — un Anglais du cap de Bonne-Espérance, un Russe d'Arkhangel, et un Allemand d'Heidelberg, Savans cosmopolites en train d'exécuter un voyage *intellectuel* autour du monde. Nomades de la pensée et représentants sincères, intelligens, dévoués, de la Raison, de la Foi et du Droit, ces trois puissants leviers de l'esprit humain, ils se rendaient ensemble à Alger comme ils s'étaient déjà successivement rendus au Caire, à Constantinople, à Rome et à Paris, dans un but purement scientifique et *humanitaire*, — emportant, pour ainsi dire, partout et toujours avec eux, de même que l'Arabe son burnous, l'un, son manteau de philosophe, l'autre, sa robe de théologien, le troisième sa toge de jurisconsulte, — tous animés d'un ardent désir de tout étudier, de tout voir, de tout apprécier par eux-mêmes, et, nouveaux Ulysses, de ne rentrer dans leurs foyers respectifs, qu'après avoir connu *beaucoup d'hommes et beaucoup de choses.*

Or, un soir que du sommet le plus élevé des collines d'El-Biar, ils venaient de contempler les plages de Mustapha et de Bab-el-Oued, et de jouir, pendant de longues heures, d'un panorama qui n'a, dit-on, de comparable que celui de la rade de Naples, —ils descendaient, à la tombée de la nuit, vers la Ville, aujourd'hui surtout, *bien gardée*, lorsqu'à quelques pas en dehors de la porte du Sahel, ils rencontrèrent une jeune femme aux vêtements sales et déchirés, cheminant lentement le long du parapet qui domine le pont jeté sur le fossé d'enceinte, dont elle paraissait mesurer, comme pour le franchir, les trente mètres de profondeur. D'une main, elle tenait suspendu à son sein desséché, un enfant affamé et mourant, et de l'autre, traînait péniblement derrière elle un autre enfant, âgé de trois ans, et qui, tant ses forces étaient épuisées, ne pouvait plus la suivre. Son visage, littéralement sillonné par les larmes, présentait encore des traces, en partie effacées, d'une remarquable beauté, et par la pâleur de ses traits contractés, accusait une douleur affreuse et un poignant désespoir.

A la vue de nos trois voyageurs, elle s'arrêta, incertaine et inquiète, jeta sur eux un regard suppliant, essaya, mais en vain, de marcher, puis, s'affaissant tout-à-coup, tomba, essoufflée, sur la borne du chemin et laissa échapper du fond de sa poitrine oppressée, des paroles ou plutôt des accents inarticulés qu'entrecoupaient tour-à-tour des gémissements et des sanglots.

— Pauvre femme ! s'écria le théologien Théodore.

— Pauvre femme ! répétèrent en même temps le philosophe Wisseman et le jurisconsulte Rechtmasser.

— Hélas ! oui, messieurs, soupira Lazarina, et bien

pauvre, je vous assure! Voyez vous même ma misère, mes bons messieurs. — Deux enfants : l'un à la mamelle, l'autre, tout petit encore ; et rien, absolument rien pour les nourrir, que l'aumône des passans! — Ah! si mon mari pouvait, comme par le passé, nous gagner un morceau de pain noir!

Théodore. — Votre mari vit donc encore!

Lazarina. — Oui, mais c'est pour nous comme s'il était mort!

Wisseman. — Que voulez-vous dire? Il vous a donc délaissée!

Lazarina. — Me délaisser, lui! délaisser sa femme et ses enfants! Oh! non, messieurs, non jamais! Nous nous aimions trop pour cela.

Rechtmasser. — Peut-être est-il malade ou infirme?

Lazarina. — Sa santé est parfaite, vient-on de me dire, bien qu'il soit en proie au plus mortel des chagrins.

Rechtmasser. — Alors, c'est qu'il est momentanément absent et dans l'impossibilité de vous venir en aide. Patience, brave femme! bientôt votre mari vous reviendra.

Lazarina. — Merci, Monsieur, et que Dieu vous entende! Mais nous sommes séparés depuis trois semaines à peine, et pour si longtemps!

Rechtmasser. — Patience, encore une fois, et quand il saura tout ce que vous souffrez loin de lui, croyez bien qu'il s'empressera de vous envoyer des secours, en attendant qu'il vienne vous prodiguer lui-même ses soins et ses caresses.

Lazarina. — Des secours! mais comment le pourrait-il? Il ne travaille pas, et s'il travaille, il ne gagnera pas un centime! Et dire que ce n'est que dans un an qu'il reviendra au milieu de nous! Que je suis malheureuse, mon Dieu! Encore un an!... et d'ici-là que serai-je devenue, et que deviendront mes pauvres enfants?

Et en prononçant ces mots, elle les embrassa d'une étreinte aussi tendre que désesperée.

Nos touristes se regardaient avec une douleur mêlée d'effroi, et s'interrogeaient en silence sur la cause d'une si profonde misère.

Bonne dame! dit Théodore, en lui pressant sympathiquement la main, il y a un secret dans votre existence! voulez-vous nous le révéler? Comptez également sur notre discrétion et sur notre pitié. — Où est votre mari?

— En prison.

— Pour crime!

— A Dieu ne plaise! mon Alexis est le plus honnête des hommes!

— Pourquoi donc, ajouta Wisseman?

— Pour dettes!

Et la pauvre femme se mit à pleurer, et ses deux enfants pleuraient avec elle.

Touché à son tour jusqu'aux larmes, Wisseman lui remit plusieurs pièces de monnaie, fruit d'une collecte improvisée. Puis, continuant de la questionner :

— Votre mari est en prison pour dettes! C'est sans doute pour une somme considérable?

— Pour cinquante francs!

— Impossible! on n'inflige pas la contrainte par corps pour une somme aussi minime!

Alors se tournant vers ses compagnons : — Nous ne sommes pourtant pas en Danemarck, Messieurs, mais en France! car à cet égard, l'Algérie, je suppose, c'est la même chose que la France!

— Lisez ceci, dit Lazarina, en montrant à Wisseman une feuille de papier au timbre de l'Empire Français, et couverte des deux côtés d'un indéchiffrable grimoire.

Wisseman la prit, la lut rapidement, et arrivé au *dispositif*, car c'était un jugement émané d'un tribunal de paix algérien, il s'arrêta, étonné et indigné, devant ces mots, écrits en gros caractères, et soulignés avec de l'encre rouge : « par ces motifs, et en vertu des ordonnances qui régissent l'Algérie, condamnons, par toutes les voies de droit et même par corps, ledit sieur Alexis à payer à Christian la somme de cinquante francs; fixons à un an la durée de la contrainte par corps. »

— Terrible législation ! s'écria-t-il.

Théodore. — Législation draconnienne !

Rechtmasser. — Digne des Décemvirs !

Théodore. — Quoi ! pas même un sursis ! En vérité, c'est à ne pas y croire ! Ne dirait-t-on pas qu'il s'agit d'une somme énorme !

Rechtmasser. — Mais qu'est-ce donc que le créancier de votre mari ?

Théodore. — Un homme sans entrailles assurément !

Lazarina. — Je ne sais ; Alexis lui devait cent francs ; simple ouvrier menuisier, vivant au jour le jour, la fatalité a voulu que par suite de maladies, chômages, et difficultés de faire des rentrées, il n'ait pu en payer que la moitié à l'époque fixée pour le paiement. Voilà la seule cause de notre malheur.

Rechtmasser. — Mais peut-être, sans même s'en douter, a-t-il autorisé son créancier à le soupçonner ou à l'accuser de retards involontaires, de résistance illégitime, en un mot, de fraude ou de mauvaise foi ?

— Je vous jure que non ! pour payer ces cinquante francs, il s'est privé du nécessaire. Ah ! si vous saviez combien d'heures et de jours entiers nous avons passés sans nourriture !

Théodore. — Mais votre mari ne s'est donc pas défendu ! il n'a donc pas comparu devant le juge !

Lazarina. — Non, Monsieur, il était absent, et il n'a connu ce maudit papier que quelques instans avant d'être mis en prison.

Pendant ce dialogue, Rechtmasser examinait les motifs de jugement, convaincu qu'il y trouverait la preuve d'un dol, ou d'un fait de nature à expliquer ou à justifier une condamnation qu'il appelait *danoise*, en faisant allusion à la législation du Danemarck, la seule, à sa connaissance, qui prononce, *ipso jure*, la contrainte par corps pour toutes sortes de dettes, et contre toutes sortes de personnes.

— C'est incroyable, s'écria-t-il, après quelques moments consacrés à une seconde lecture de ces motifs. — Oui, vous dis-je, c'est incroyable, mais c'est ainsi! — Rien dans les motifs sur le chef de condamnation relatif à la contrainte par corps! Cette contrainte serait-elle de droit? — Et, en admettant qu'elle ne le soit pas, ne faut-il pas du moins qu'elle soit motivée? — Dans tous les cas, qu'elle est sa raison d'être! — Est-elle facultative? — Est-elle obligatoire? Peut-elle, doit-elle être accordée dans toutes les circonstances, en toute matière, contre toutes personnes, sans distinction de sexe ni d'âge, et pour n'importe qu'elle somme? — Ou je me trompe étrangement, Messieurs, ou de toutes les questions que nous avons à étudier dans ce pays si fécond en problèmes, il n'en est pas beaucoup qui, au triple point de vue de la théologie, de la philosophie et de la législation, offre un plus haut et plus saisissant intérêt.

Théodore et Wisseman. — Vous avez raison.

Rechtmasser. — Eh bien! Messieurs, voilà pour nous une merveilleuse occasion de discuter la contrainte par corps ! — Croyez-m'en, ce n'est pas trop du concours simultané du droit, de la morale et de la religion, pour sonder une question qui touche tout à la fois aux fondements constitutifs de l'homme, aux bases de la société et aux principes du christianisme.— Ne pensez-vous pas avec moi que si elle a reçu tant et de si diverses solutions, c'est qu'indépendamment des circonstances politiques, religieuses ou sociales, au sein desquelles elle a surgi, chacun l'a examinée à sa façon, et considérée sous un aspect exclusif et isolé? — Disséquons-la donc, si vous me permettez cette expression, disséquons-en tous les muscles et toutes les fibres, Soumettons-la au creuset de la plus impartiale et plus complète analyse ! Après cela, nous pourrons, j'espère, en connaître la nature, en apprécier le caractère, en mesurer la portée, et en déduire les conséquences.

— Accordé !

Théodore et Wisseman. — C'est entendu !

Rechtmasser. — Très-bien ! — Je savais d'avance que vous souscririez sans peine à mes vœux. — Nous ne sommes pas venus en Algérie en touristes oisifs, dans le seul but de satisfaire une vaine curiosité, et d'avoir la gloire de dire, à notre retour, parmi nos compatriotes :—« Nous avons vu la Casbah d'Alger, visité le fort l'Empereur, parcouru la Mitidja, mis le pied dans le Désert, séjourné à Laghouat, et même contemplé Tougourt. » — A d'autres, ce sot et puéril amour-propre ! — à nous l'examen des questions d'intérêt public que soulève un pays à traditions, — comme ceux qui ont un passé et une histoire, — à vagues aspirations et à tendances incertaines, — comme ceux qui n'ont encore qu'un présent, et qui cherchent à se frayer une voie vers l'avenir; — un pays vieux et neuf tout ensemble, qui fut civilisé, qui a été barbare, et qui, à certains égards, n'est plus ni l'un ni l'autre, et tend de toutes ses forces à rentrer pleinement dans le courant de la civilisation! — Qu'elle soit la bienvenue, cette question de contrainte par corps, qu'un hasard providentiel offre la première à nos méditations! Comment parler de la suppression de la liberté sans parler de la liberté elle-même? — la liberté, cette chose sainte et sacrée qui, pour parler le langage d'un immortel magistrat, (1) écho fidèle des grands jurisconsultes de l'Ecole stoïcienne, ne peut être comparé qu'à la vie, à la vie publique comme à la vie privée, à la vie des Etats comme à la vie des individus. *Servitutem mortalitati comparamus!*

Théodore. — A quand notre discussion?

Rechtmasser. — A demain, si vous le voulez.

Wisseman. — Vous plaît-il que ce soit à trois heures de l'après-midi?

Théodore. — C'est l'heure qui me convient le mieux.

Rechtmasser. — Et à moi aussi; — A demain donc, et

---

(1) Michel de Lhospital.

que chacun de nous, chevalier de la vérité, se jette dans la lice, armé de ses meilleurs arguments pour et contre, sans idée préconçue, sans système arrêté, sans autre préoccupation et sans autre désir que de nous instruire mutuellement et de contribuer, chacun pour sa part, à la découverte de la solution, objet de nos recherches! — Vous, Théodore, apportez-nous le résumé des textes et de l'esprit de la Révélation sur notre sujet. — Vous, Wisseman, apprêtez-vous à nous esquisser les enseignements de la philosophie sur cette grave matière. — Pour moi, je m'efforcerai de mettre sous vos yeux, en les éclairant les unes par les autres, suivant le conseil de Montesquieu, les prescriptions des législations comparées, les doctrines des jurisconsultes, et les leçons de l'histoire : de cette sorte, nous atteindrons, Dieu aidant, le seul but que nous poursuivions de nos communs efforts, — la vérité !

On dit adieu à la *mendiante*, et plus d'une pièce d'or tomba dans son tablier en lambeaux.

Le lendemain, à trois heures de l'après-midi, au moment où le soleil inondait de ses pâles et tièdes rayons d'or la plage de Bab-el-Oued, le versant occidental de la ville, et l'épais rideau de verdure qui, du côté de la route de la Casbah, couvre le Jardin Marengo, ils se rendirent dans la partie de ce jardin connue sous le nom de Marabout. Le ciel était pur; l'atmosphère embaumée ; le souffle expirant de la brise agitait les mille arbrisseaux qui, habilement rangés en forme de haie, bordent, au nord, cette précieuse annexe du jardin public. —Aucun promeneur n'égarait ses pas importuns dans la magnifique allée de bellombras qui le traverse dans toute sa longueur. Un silence profond régnait aux alentours, sans excepter les Ateliers si bruyants d'ordinaire des parcs d'artillerie et du génie, et je doute fort que jamais l'Académie, le Lycée ou le Portique, du vivant même des Platon, des Aristote et des Zénon, aient plus poétiquement favorisé les méditations solitaires ou les colloques philosophiques.

Dès qu'ils furent réunis sous la blanche coupole du Marabout, escortés chacun de plusieurs livres, qu'ils devaient, au besoin, citer ou consulter dans le cours de leur conférence, ils s'assirent, en cercle, sur de rustiques bancs de bois, et, immédiatement, s'engagea entr'eux un entretien que nous essaierons de reproduire avec une scrupuleuse exactitude, tel que nous l'a rapporté l'un d'eux :

II.

Rechtmasser. — A tout seigneur, tout honneur, Théodore, *ab Jehovah principium !* Aussi bien la loi divine doit l'emporter sur toute loi humaine toujours si imparfaite, alors même qu'elle est fidèlement calquée sur elle. — C'est par Dieu, c'est au nom de la Trinité que l'incomparable Cujas ouvrait ses *Recitationes solemnes.* — A son exemple, commençons notre discours par la Théologie, cette science du *Dieu des Sciences* ! — A vous donc la parole ! vous ne le trouverez pas mauvais, Wisseman ! vous savez et nous n'ignorons pas que loin d'être la servante de la Théologie, la Philosophie, la vraie philosophie, celle que vous cultivez avec tant d'ardeur, *vera non simulata*, comme disait Ulpien, en est la compagne et la sœur ?

Théodore. — Oui, mais la sœur cadette !

Wisseman. — Pourquoi pas la sœur jumelle ?

Rechtmasser. — Qu'importe ? Nous nous comprenons : il suffit.

— Que pensez-vous donc, Théodore, de la *contrainte* par corps, c'est-à-dire de cette mesure de coercition qui, d'après la définition de Portalis l'Ancien, a pour but de forcer un débiteur, par l'incarcération de sa personne, à satisfaire ses créanciers ? Considérée en soi, vous paraît-elle compatible avec les principes de l'Evangile et les traditions du christianisme ?

Théodore. — Ce que j'en pense ! Mais ce qu'en pensait le Christ, ce qu'en pensèrent Saint-Jean, l'Apôtre de l'Amour, et Saint-Paul le premier et le plus grand interprête de la loi chrétienne ; — ce qu'en pense l'Eglise ! Que dis-je ? Ce qu'en pensa Moïse, et après lui, plus d'un législateur de la Grèce et plus d'un jurisconsulte de Rome ! — qu'elle est un vestige, mais le dernier et suprême vestige d'un droit barbare aussi contraire au droit chrétien, à la lettre et à l'esprit de l'Evangile, qu'aux prédications des Apôtres, à l'enseignement des Pères, à l'exemple des Saints, aux inspirations, j'ajouterais volontiers, aux règles du droit canon, et pour tout dire en un seul mot, à la doctrine de l'Eglise de Dieu! — Quel modèle de douceur, de mansuétude, de tendre commisération et de charité que le divin fils de Marie, à en juger par les principaux traits de sa vie mortelle, par ses préceptes, ses leçons, ses conseils et ses paraboles! Et que serait-ce, si à l'appui de ma thèse, je vous le montrais à travers les siècles, continuant de vivre par une sorte d'*incarnation*, indéfiniment prolongée, dans la personne de ces innombrables légions de saints, de confesseurs et de martyrs, vivant commentaire de la doctrine nouvelle, tous imitateurs des vertus, et surtout de la charité du Maître — qui ont semé et développé autour d'eux le germe de ce droit généreux, universel, équitable et conciliateur des temps modernes, devant lequel a successivement et insensiblement disparu le droit égoïste, local, rigoureux, inexorable de l'Antiquité? Je n'en finirais pas, si je voulais dérouler sous vos yeux toutes les pages du Saint-Livre où est écrite l'irrécusable preuve de ce que j'avance! Je ne veux vous citer que quelques paroles du Christ : « Apprenez de moi que je suis doux et humble de cœur; faites aux autres ce que vous voudriez qu'on vous fît. » — « Aimez vos ennemis et faites leur du bien : vous êtes tous frères. » — « Aimez votre prochain comme vous-mêmes. »

Mais à quoi bon glaner, çà et là, quelques épis dans le vaste champ des Ecritures, quand il m'est si facile d'en ramasser d'un seul coup toute une gerbe? Ne pourrais-je pas me contenter de vous rappeler la prière, et, si j'ose le dire, le *fait* que chaque jour l'Eglise met sur les lèvres de ses enfants, et qui résume si admirablement la morale de l'Evangile ? Avons-nous jamais bien réfléchi au sens tout à la fois mystique et littéral de ce passage de l'Oraison-type, de l'oraison dominicale? « Notre Père, remettez-nous *nos dettes, debita nostra*, à nous, vos enfants, comme nous les remettons à *nos débiteurs*, nos frères, *debitoribus nostris?* Paroles surhumaines, paroles divines que le monde antique n'entendit jamais, et qui n'ont même rien d'analogue, ni dans les phrases impuissantes d'un Confucius, d'un Platon, d'un Cicéron ou d'un Sénèque, ni même dans ces paroles, pourtant si belles et si admirées de Mahomet, qui les a imparfaitement copiées de l'Evangile : Si votre débiteur est gêné, donnez-lui du temps, ou si vous voulez faire mieux encore, remettez-lui sa dette. « Or, je vous le demande, quoi de moins conforme à cette *remise* et à cet *abandon*, que l'exercice d'un droit impitoyable qui consiste à exiger l'incarcération d'un débiteur malheureux ?

Me pardonnerez-vous de vous citer encore ces belles paroles du Disciple que Jésus *aimait*? « Celui qui, étant lui-même dans l'abondance, et voyant son frère dans le besoin, lui ferme ses entrailles, celui-là n'aime pas Dieu, et Dieu ne l'aime pas; *quomodo charitas Dei manet in eo?* Dieu est charité, Dieu est amour, et de même qu'il a donné sa vie pour nous, ainsi nous devons donner notre vie pour nos frères. »

Eh ! Messieurs, qu'est-ce, après tout, que l'Evangile, sinon une loi d'amour, une loi de fraternité et de liberté? — et qu'est-ce, en général, que la contrainte par corps en face de cette loi, et abstraction faite des nécessités plus ou moins impérieuses d'une Société qui, pour parler avec Saint-Paul, est loin d'avoir atteint la taille du Christ, — qu'est-elle, dis-je, si ce n'est un droit tyrannique, oppressif, respirant l'égoïsme, et trop souvent la vengeance et la haine?

Wisseman. — Qu'il me soit permis d'ajouter que rien n'est, en effet, plus opposé à la loi évangélique, cette loi que St-Jacques, appelle si justement dans un de ses Epîtres, loi royale, loi de parfaite liberté, *lex regalis, lex perfectæ libertatis !*

Rechtmasser. — Et pour mieux prouver encore, si c'est possible, combien la contrainte par corps est contraire aux tendances de l'esprit chrétien, ne pourrait-on pas, en modifiant légèrement un mot célèbre de Caton, dire d'elle ce que le Censeur romain disait de l'usure? — Qu'est-ce qu'emprisonner son débiteur? C'est le tuer! quelquefois physiquement, *moralement* toujours! — Je ne prétends pas par-là que l'emprisonnement pour dettes emporte l'infâmie, dans le sens légal de ce mot; j'affirme seulement que, dans plus d'une occurence, elle flétrit comme infâme, sinon de droit, au moins de fait, celui qui l'a subie! —C'est ce qu'exprimait très-bien un vieil auteur dont Bornier nous a conservé la judicieuse observation : *licet carcer infamiam juris non irroget, non est tamen sinè quâdam facti infamia.... notam quamdam inurit!*

Théodore.— Merci de votre interruption ! elle confirme ce que j'ai dit de l'inhumanité et de la barbarie de la contrainte par corps : — Je reprends, à présent, le fil de ma pensée, et, à mon tour, j'appuie votre observation et celle de votre auteur. Oui, l'emprisonnement pour dettes est la *mort*, sinon physique, tout au moins *morale* du débiteur ! c'était, je crois, le sentiment de l'auteur du grand Coùtumier ; c'était aussi celui d'un jurisconsulte (1) non moins versé dans la science des lois humaines que dans la connaissance des lois divines, quand, dans son traité de *Pœnarum temperantiâ*, il enseignait, qu'à peu de chose près, l'incarcération équivaut à un meurtre : *nec minus atrocem injuriam infert qui...inc arcerem trahit quàm qui... interemit.*

Voulez-vous maintenant la démonstration historique de mes assertions? — Je ne vous parlerai pas des temps qui ont précédé la naissance du Christ. — Je passerai même sous silence les douze premiers siècles de l'Ère chrétienne, siècles pendant lesquels l'esprit évangélique, esprit divin de liberté (2) circulant peu à peu dans les veines de la Société nouvelle, mitigea si sensiblement les antiques rigueurs de la *phylaké* des Grecs, du *carcer* des Romains, de la *prisio* des Barbares, et de la *coarction* du moyen-âge. — Je ne veux m'arrêter que devant la sublime figure de Louis IX, ce roi qui, d'après Voltaire lui-même, fut l'un des plus grands saints et des plus grands monarques, — sans doute parce que dans sa conduite comme dans ses Etablissements « il se contint si doulcement envers nostre Seigneur, et si droiturement envers ses subjects. » Eh bien ! savez-vous ce qu'il fit en faveur des *paouures* débiteurs? Partout où il le put, — dans toute l'étendue de ses domaines, il proscrivit, en principe, la

(1) Tiraqueau.

(2) *Ubi spiritus Dei, ibe libertas,*

contrainte par corps, interdisant rigoureusement « à ses baillifs et aultres membres officiaux de presser ses subjects contre justice » et leur défendant « que pour nulle debte ils ne preignent nul, ne tieignent priz. » Je sais bien que plus tard, la contrainte par corps *judiciaire* — supprimée sous Philippe-le-Bel, pour faire place à la contrainte *contractuelle*, — fut rétablie avec une rigueur excessive par l'ordonnance de Moulins ; mais je sais aussi qu'adoucie par Louis XIV, et un instant supprimée par la Convention nationale, elle n'a été conservée dans le Code Napoléon qu'avec des restrictions et sous l'empire des règles aussi sévères que sages. Ce n'est pas que telle qu'elle est aujourd'hui dans nos lois, je puisse l'accepter sans réserves. Mais toujours est-il, et c'est là ce que je tenais à constater, que si sa rigueur primitive a été mitigée, si, de nos jours, son application est strictement limitée à certaines affaires et à certaines personnes, c'est à l'idée chrétienne, c'est à l'inspiration chrétienne qu'en revient la gloire et l'honneur.

— Et faut-il s'en étonner, quand on songe qu'il y a plus de dix-huit cents ans que, Mère et Institutrice des nations modernes, l'Eglise fait, du berceau à la tombe, résonner à toute oreille fidèle, la parabole si *transparente*, si instructive, si touchante, et si profonde du méchant serviteur ?

Ecoutons et voyons comment Celui qui a dit : « Je suis la Vérité » a *fait voir des yeux* et *toucher des mains* (1) à

(1) Joh Epist. 1. — I.

travers le voile d'une vérité de l'ordre moral, une vérité de l'ordre religieux, et réciproquement :

Alors Pierre s'aprochant de lui (Jésus) dit : « Seigneur si mon frère pèche contre moi, combien de fois lui remettrai-je son péché ? — sera-ce jusqu'à sept fois? »

« Jésus lui dit : Je ne te dis pas jusqu'à sept fois, mais jusqu'à septante fois sept fois.

« C'est pourquoi le royaume des cieux à été comparé à un roi qui voulut entrer en compte avec ses serviteurs:

« Et ayant commencé à entrer en compte, on lui en présenta un qui lui devait dix mille talens.

« Et comme ce serviteur n'avait pas de quoi les lui rendre, son maître ordonna qu'il fût vendu, lui sa femme et ses enfants, et tout ce qu'il avait, et qu'il lui rendit ainsi tout ce qu'il lui devait.

« Or, ce serviteur tombant à ses pieds le priait, disant : Seigneur, ayez patience pour moi, et je vous rendrai tout.

« Et le maître, ayant eu pitié de ce serviteur, le renvenvoya, et lui remit sa dette.

« Or, ce serviteur étant sorti, trouva un de ses compagnon (de service) qui lui devait cent deniers, et le tenant par la gorge, il l'étouffait, disant : Rends ce que tu dois. »

« Et ce compagnon, tombant à ses pieds, le suppliait, disant : Aie patience pour moi et je te rendrai tout.

Or, celui-ci ne voulut pas : mais il s'en alla, et l'envoya en *prison*, pour y rester jusqu'à ce qu'il eût payé sa dette.

« Et ses compagnons, voyant ce qui se passait, en furent vivement contristés, et allèrent raconter à leur maître tout ce qui s'etait passé.

« Alors son maître l'appela, et lui dit : Méchant serviteur ! je t'ai remis toute ta dette, parce que tu m'en as supplié.

« Ne fallait-il donc pas que toi aussi, tu eusses pitié de ton compagnon, tout comme moi j'ai eu pitié de toi ?

« Et son maître irrité le livra aux bourreaux, pour rester en leurs mains jusqu'à ce qu'il eût payé intégralement sa dette.

« C'est ainsi que mon Père céleste fera envers vous, si chacun de vous ne remet du fond de son cœur la dette de son frère. » (1).

Avouons-le, messieurs, voila des textes qui n'ont certes pas besoin de commentaires ! Le Christ pouvait-il rendre plus palpable cette vérité — que les voies de rigueur et notamment celle de l'emprisonnement ne sont permises au créancier contre son débiteur, qu'autant que celui-ci ne fait pas envers son propre débiteur ce que son créancier a dû faire envers lui, — ou plus généralement, qu'autant qu'un débiteur mérite d'être appelé *méchant*, *nequam*,

(1) Matth. XVIII. — 21. — 35.

et, soit par sa dureté envers son débiteur à lui, soit par sa mauvaise foi, tant au moment de l'engagement qu'à celui de l'échéance, se rend indigne de toute pitié et de toute commisération de la part de son créancier ?

Wisseman. — J'en conviens, et je m'empresse de proclamer de nouveau avec vous, qu'en effet, rien ne répugne à l'esprit de l'Evangile, comme l'exercice de la contrainte par corps contre le débiteur *malheureux*, sans être *cou pable*, — mais, à une condition que, j'en suis sûr, vous accepterez sans difficulté : c'est que vous reconnaissiez que bien avant le christianisme, — éclairés par les seules lumières de la raison et de la philosophie, des rois et des chefs de nations, tels que Bocchoris en Egypte, Solon à Athènes, Tullius à Rome, abolirent toute garantie *personnelle* des débiteurs en faveur de leurs créanciers.

Théodore. — Je vous l'accorde ! Mais vous avouerez aussi que s'il est un fait incontestable, unanimement et universellement attesté par l'histoire, c'est que la liberté n'a été inviolable que sous le Christianisme et par le Christianisme, — Et remarquez que j'entends parler, non pas seulement de la liberté politique, mais encore et surtout, de la liberté civile, dans les rapports de débiteur à créancier, de cette liberté dont Montesquieu a pu dire avec raison, que le crime de Papirius la donna à Rome, de même que celui de Sextus lui donna la liberté politique.

Rechtmasser. — Cela est vrai ! Mais il est bon d'observer que ce qui était un fait isolé, extraordinaire, anormal chez les Anciens, est devenu un fait général, ordinaire et normal parmi nous. Essayez aujourd'hui d'annoncer comme une maxime de droit public, qu'un homme peut perdre sa liberté individuelle s'il *y consent, si ipse auctor factus est.* (1) et le bon sens chrétien des masses vous répondra avec l'Evangile, que la liberté est inaliénable, et que l'homme ne peut pas plus disposer d'elle que de sa vie ? (2)

Mais il me semble que nous nous éloignons de notre sujet, et qu'au lieu de le saisir par les cornes, à la manière des Anciens, nous avons l'air d'y toucher à peine par le premier en droit venu. Efforçons-nous donc de le serrer de plus près, et puisque nous savons l'opinion du théologien sur la contrainte par corps en général. voyons qu'elle est celle du philosophe. Je gage qu'elle n'en diffère de pas beaucoup : c'est d'ailleurs ce que vous allez nous apprendre, Wisseman !

Wisseman. — S'il est une matière sur laquelle la raison se rencontre de tous points avec la Révélation, c'est, à coup sûr, celle qui nous occupe. Je pourrais facilement vous en convaincre, en évoquant ici les opinions des plus illustres philosophes de tous les temps et de tous les lieux, mais à quoi bon ? vous les connaissez aussi bien que moi.

— Je comprends qu'un créancier compte pour son paiement sur les biens de son débiteur : ces biens ne sont-ils pas son gage naturel ? Si je vous prête aujourd'hui, c'est pour que vous me rendiez demain, et si vous ne

---

(1) Cicéron.

(2) *Quia*, disent les Docteurs, *membrorum suorum dominus non est.*

me rendez pas, j'aurai le droit de prendre, ou de me faire donner, en paiement de ce qui m'est dû, les biens que vous possédez ; c'était là la condition tacite de votre engagement ; dès que vous y manquez, je puis vous y contraindre. — Pourquoi ? Parce qu'en recevant mon argent, vous avez, de plein droit, affecté tous *vos biens* à son remboursement ; *vos biens*, entendez-vous, et non *votre personne* ! C'est que votre personne, sachez-le bien, n'est pas une monnaie ! elle n'a pas de prix, parcequ'elle est au-dessus de tout prix.

— Et d'ailleurs, pouvez-vous vous vendre ? puis-je vous acheter ? — Est-ce que je puis faire de vous l'objet d'une transaction quelconque ? Autant vaudrait dire que vous êtes un esclave, une chose, *res* — et non un être intelligent et libre, un *homme !* Si donc vous ne me payez pas, je m'adresserai à vos biens. — Mais de là à me faire adjuger votre personne ; de là à mettre la main sur votre liberté, il y a toute la distance qui sépare le ciel de la terre, il y a l'immensité ! — Il est passé, et grâce à Dieu, pour ne plus revenir, le temps où, par une logique sans pitié, barbare comme les XII Tables, atroce comme les lois de Dracon, inflexible comme certaines parties du code des sectateurs de Bramah, on confondait le débiteur avec la dette, les biens avec la personne ; on se payait avec celle-ci quand on ne le pouvait avec ceux-là : *luat in ære aut in cute*, et où le débiteur, assimilé à un criminel, était condamné à la prison, si bien appelée par Justinien *supplicium corporis !*

— Eh quoi ! Dieu respecte la liberté de l'homme, et l'homme ne la respecterait pas ! N'est-t-elle donc pas à l'homme physique ce qu'est le *lumen divinum* des Scholastiques, à l'homme intellectuel et moral? Attaquez-vous à ses biens, à sa propriété, j'y consens! sa propriété n'est plus à lui ou ne l'est que conditionnellement, dès l'instant qu'il vous l'a engagée! Mais gardez-vous d'attenter à sa liberté! Touchez à tout, je le veux bien, hormis à cela! — C'est que la liberté, principe et conséquence du droit civil, est, comme le droit civil lui-même, le fondement de toute société et de toute justice. Otez à l'homme sa liberté! Que reste-t-il de lui? Une brute, un cadavre, une ombre!

Rechtmasser. — En vérité, je crois entendre l'Avocat-philosophe de Rome. — Supprimez le droit civil et conséquemment la liberté civile, s'écrie-t-il, dès-lors plus d'égalité, plus d'unité, plus de société! (1)

Théodore. — Voyez la puissance de l'association des idées! Ceci me rappelle qu'à deux mille ans d'intervalle, un pape, Pie IX, a exprimé, en des termes presque identiques, la même pensée que l'orateur romain, lorsqu'au milieu des applaudissements de la *Ville* et de l'*Univets*, il promettait à son peuple *l'Eguaglianza civile* et l'*uniformità* des lois.

Cicéron avait cette fois parfaitement raison. Là où deux hommes ne sont pas même unis par les liens de la Cité, *ut ceves*, quel rapport peut-il exister entr'eux? tout au plus un rapport de fort à faible, de maître à servi-

---

(1) *Hoc (jure civili) sublato, nihil est quod æquabile inter omnes atque unum omnibus esse possit.*

teur, d'homme à chose, — à moins d'admettre l'anti-sociale an-archie de Proudhon.

Wisseman. — Et, du reste, (pardonnez-moi cette apparente excursion sur votre domaine, Rechtmasser)! d'après les vrais principes de la législation qui sont aussi, n'en doutez pas, ceux de la véritable philosophie. n'est-il pas certain que nul sur cette terre ne peut être privé de sa liberté, ce don du ciel, si ce n'est pour cause de nécessité absolue? De là vient que toujours, et chez tous les peuples, la contrainte de la liberté, et par suite la prison, a été admise sans conteste en matière pénale, pour la répression des délits et des crimes. Mais en a-t-il été de même en matière civile, alors qu'il s'est agi de l'exécution d'une convention ou d'un jugement? C'est à vous, Rechtmasser, de répondre à cette question. Quelle que soit votre réponse, je ne crains pas d'affirmer qu'elle ne saurait revêtir ce caractère d'universalité, de perpétuité et d'invariabilité, apanage et signe distinctif des vérités absolues, philosophiques. — J'en trouve la preuve dans celle des législations qu'on invoque de préférence à toutes les autres, dans la législation romaine. — Si je ne me trompe, il n'en est pas une seule qui, plus qu'elle et plus longtemps qu'elle, ait sévi avec une rigueur sans égale contre les débiteurs. — Eh bien! interrogez sérieusement son histoire, et, à certaines époques, vous la verrez inscrire dans ses fastes, cette mémorable pensée, digne d'être transmise à la postérité par la plume de Tite-Live et le burin de Tacite : *bona debitoris, non corpus creditori obnoxium.* — Et ce que je dis du Droit romain, ne pourrais-je pas le dire du droit de presque tous les peuples anciens et modernes? — Mais c'est assez empiéter sur le rôle du jurisconsulte : je me hâte de rentrer dans le mien. *Bona debitoris ! non corpus !* — voilà la vérité ! Qu'on la nie ou qu'on la révoque en doute, — et, tout-à-coup, entraîné par une pente irrésistible, on aboutit à cette erreur de droit féodal en France *nullum sine corpore pignus*, on se précipite vers l'esclavage ! Je crois avoir lu dans je ne sais plus quel jurisconsulte romain, que, sous l'Empire, les mineurs *sui juris* étaient affranchis de la contrainte par corps, et que les mineurs *alieni juris* y étaient soumis ; ce qui veut dire que les premiers ne pouvaient devenir les esclaves de leurs créanciers, parce qu'ils etaient libres, mais qu'il en était autrement des seconds, parce qu'ils ne l'étaient pas. Doctrine étrange qui ne tend à rien de moins qu'à scinder, en deux parts, l'Humanité une dans son origine, dans sa nature et dans ses destinées, — la part des maîtres et la part des esclaves ! Convenons-en donc, rien d'injuste, en thèse générale, rien d'irrationnel comme la contrainte par corps ! — La contrainte par corps, c'est la servitude, c'est la mort du débiteur ! — Encore une fois, voilà la vérité ! Creusez-la dans toutes ses profondeurs, et suivant la pensée d'un des plus célèbres publicistes du dix-huitième siècle, (1) vous n'arriverez qu'à des conséquences justes et fécondes.

Cette vérité, les jurisconsultes philosophes du Portique, ces hommes qui se flattaient de professer la vraie philosophie, l'avaient comprise, ou plutôt pressentie, quand par la bouche du plus philosophe d'entr'eux, (2) ils enseignaient que le créancier, fût-il la République, fût-il le fisc, ne doit se montrer, en réclamant sa créance, ni acerbe ni

---

(1) Montesquieu.

(2) Ulpien.

outrageant, mais modéré, bon, humain, et bienveillant sans faiblesse.

Et qu'on ne m'objecte pas que la contrainte par corps existe encore dans la plupart des Etats de l'Europe et dans tous les pays civilisés, même dans les Etats-Unis, dont la legislation passe, à tort peut-être, pour protéger, plus que toutes les autres, la liberté individuelle? — Qu'est-ce que cela prouve? Le fait, si général qu'il soit, peut-il prévaloir contre le droit? — Oui, sans doute, et quoi qu'on ait pu dire, la liberté n'a pas encore fait le tour du monde! Mais le christianisme ne l'a pas fait non plus. Et cependant qui oserait douter qu'ils ne soient l'une et l'autre appelés à le faire? — Regardez devant vous! ne voyez-vous pas déjà luire le jour où, illuminés par le double soleil de la philosophie et de la religion, nos législations contemporaines rougiront d'avoir, après dix-huit siècles de civilisation chrétienne, si longtemps conservé dans leurs codes des traces de ce droit de contrainte qui est tout à la fois (je répète Christophe de Thou), le tombeau de la liberté et la mort de l'honneur?

Je dis donc, Messieurs, qu'à la considérer sous son aspect philosophique, la contrainte par corps, enfant dégénéré de l'antique esclavage, est, comme lui, condamnée par la raison et par la conscience. C'est la conclusion d'un éminent esprit (1) qui l'a étudiée au point de vue de la philosophie, de l'histoire et du droit; ç'a déjà été celle de Théodore.— N'est-ce pas aussi la vôtre, Rechtmasser?

Rechtmasser. — Oui et non : Oui, si je me place comme

---

(1) M Bayle-Mouillard.

vous, sur le sommet serein de la théorie théologique et philosophique. — Non, si de ces hauteurs, je descends dans les obscures régions de la pratique sociale et juridique.

N'auriez-vous pas tous deux oublié, emportés que vous étiez par l'excès d'un zèle trop charitable ou trop philantropique; l'*inter utrumque tene* du Poëte latin ?

Je crains bien que pour atteindre plus sûrement le but, vous ne l'ayez dépassé. Qui ignore, ou qui songe à nier que la remise des dettes, telle que la commande ou plutôt le conseille l'Evangile, ne soit tout aussi incompatible que le Jubilé des Juifs avec les rigueurs de la contrainte par corps ? — Est-il nécessaire de démontrer que la liberté est inaliénable et imprescriptible, et qu'elle tient à la nature en même temps qu'à l'essence même de l'homme ? Mais là n'est pas la question ! Il ne s'agit pas de savoir si l'homme en soi, l'homme abstrait, l'homme individuel et *extra-social*, jouit ou non d'une liberté illimitée, mais au contraire, si l'homme considéré dans ses rapports extérieurs avec d'autres hommes, si l'homme *social* n'est pas obligé, en vertu des lois constitutives de la société humaine, de sacrifier à cette société une partie de sa liberté personnelle, et si dès lors, cette liberté ne doit pas reconnaître des limites.—Que m'importe vos théories *à priori* ? Je n'en ai que faire ! Ce que je veux, ce n'est pas l'homme tel qu'il fut dans l'origine ou tel qu'il devait être, l'homme *théologique* ou *philosophique* ! c'est l'homme tel qu'il est, ou tel qu'il *peut* être, l'homme pratique ! Ce qu'il me faut, à moi, jurisconsulte, c'est l'homme de la société, et non l'homme de la nature, — en supposant qu'il en ait jamais existé ! Semblable à l'algébriste qui a besoin, pour découvrir une inconnue, d'un efficient et d'un coëfficient, j'ai besoin, moi pour trouver la solution d'un problème juridique, de deux termes générateurs — d'une part de la théorie *subjective* ou individuelle, d'autre part et par dessus tout, de la pratique *objective* ou sociale.

Théodore. — D'accord ! et c'est justement pour cela que je n'ai réprouvé la contrainte par corps qu'en *thèse générale*, vous laissant entrevoir que je pourrais bien la tolérer dans certains cas prévus par la loi humaine, — civile, commerciale, et surtout pénale : car si le christianisme est une loi de charité et de liberté, il est aussi une loi de justice et d'ordre.

Wisseman. — Pour le même motif, je me suis borné à poser des *principes*, sans contester, en aucune façon, les *exceptions* qui seraient autorisées ou justifiées par la raison. — Prenez garde, Rechtmasser! peut-être ne prouverez vous pas assez contre nous, précisément parce que vous voudrez trop prouver.

Rechtmasser. — Je prends acte de vos paroles ! Je vois avec plaisir que, quoique par des voies différentes, nous sommes sur le point de parvenir au même but. Et moi aussi, ô mes amis ! je sens tous ce que contient de libéral, de généreux, de fraternel, l'idée vraiment divine de la remise des dettes. Je comprends également tout ce qu'a de grand et de sublime le concept purement philosophique et idéal de l'inviolabilité de la liberté humaine. Mais je ne puis croire que cette idée et ce concept, transportés par la pensée dans la sphère des choses pratiques, dans la région inférieure des réalités sociales, telles que les révèlent à tout observateur sérieux et sincère, l'état *présent* et la nature *actuelle* de l'Humanité, ne doivent, dans une certaine mesure, s'incliner devant les besoins et les nécessités qui en découlent, et se résigner comme l'Humanité elle-même, à devenir quelque chose de mixte, esprit et matière, théorie et pratique, — tenant du contingent et du nécessaire, du relatif et de *l'absolu*. — Et puisque j'ai prononcé ce mot, savez-vous, Messieurs, le vice capital, selon moi, de plusieurs systèmes théologiques et philosophiques de nos jours ? C'est d'appliquer, d'une manière générale, à l'homme, être fini et borné qui *conçoit*, j'en conviens, l'infini, et a le sens de l'absolu, mais ne les *comprend* pas, et ne peut les *comprendre*, des raisonnements uniquement tirés de l'absolu et de l'infini. De même que le pur royaume du Christ, et le pur règne de la philosophie, l'Absolu n'est pas dans ce monde ! Sachons être ce que nous sommes, — des créatures capables de droits et de devoirs individuels et privés, sans doute, — mais en même temps collectifs et sociaux, et, pour cette raison, limités par les droits et les devoirs de nos semblables, j'allais dire de nos *associés*. — Citoyens d'une bourgade, d'une cité, d'un Etat, gardons-nous de nous imaginer que, nouveaux Robinsons dans une île déserte, nous sommes seuls sur cette terre! Que de choses à dire sur ce thème fécond! Mais c'est assez de digressions; il est temps que je revienne à notre question.

Théodore. — Vous ne vous en êtes pas écarté, et plût à Dieu que tous les dissertateurs courûssent, comme vous, *medias in res!*

Wisseman. — Pour moi, je pense que vous l'avez attaqué *ab avo*, et qu'à votre insu, vous avez suivi la méthode philosophique d'un illustre jurisconsulte français, notre contemporain.

Rechtmasser. — Voilà qui s'appelle abuser du

Si parva licet componere magnis

du Poëte !

Mais trêve de compliments ! Si, comme vous me paraissez vous l'être proposé, vous n'avez voulu qu'une chose, — prouver, en général, au nom de la religion et de la philosophie, l'illégitimité et *l'irrationnalité* des lois qui, pour punir un homme de son impuissance *involontaire* à payer ses dettes, le frapperaient *brutalement* dans sa liberté, sans s'inquiéter des motifs de son impuissance, des circonstances de son insolvabilité, du *quantùm* de sa dette, — vous avez raison, mille fois raison, et de concert avec vous, je réprouve de pareilles lois. Mais si, par contre, poussant jusque dans leurs dernières conséquences les prémisses de vos raisonnements, vous prétendez dénier au législateur le droit, je dis plus, le devoir de priver de leur liberté, dans des circonstances par lui formellement déterminées, certains débiteurs insolvables, — je prétends, à mon tour, que vous sapez par sa base, une des lois les plus indispensables à l'intérêt public, et que vous brisez un des principaux rouages de votre machine sociale ; je parle du crédit, cette confiance mutuelle du créancier et du débiteur, confiance trop souvent illusoire et même impossible, sans la garantie personnelle, — *corporelle*, du débiteur, sans la contrainte par corps, cette *ultima ratio* du créancier et de la loi, commandée, nécessitée tout à la fois par l'intérêt privé et par l'intérêt public.

J'aimerais, a dit un jurisconsulte (1), défenseur éloquent, mais défenseur à regret, de cette limitation de la liberté, j'aimerais une société qui pût se passer de la contrainte par corps. » Il aurait pu ajouter « et de plusieurs autres servitudes légales, imposées par la raison d'Etat, telles que la conscription, le louage de service, et une foule d'autres dont fourmillent nos codes.

— Mais, je vous le demande, où trouver une société semblable? Aussi haut que vous remontiez, dans les origines des temps historiques, depuis les societés qui se perdent dans la nuit des siècles, jusqu'à nos Etats contemporains, vous trouvez partout établies, sous des noms divers et sous des conditions plus ou moins rigoureuses, suivant qu'il s'agit du monde d'en deça où d'au delà du Calvaire, des mesures de coercition et de contrainte, dont l'effet, plus ou moins immédiat. est de circonscrire ou d'enlever la liberté de débiteur, — soit que le créancier le charge de chaînes, — soit qu'il se l'approprie, soit qu'il le force de se donner à lui, corps et biens, ou qu'il le vende aux enchères, — soit qu'il l'enferme dans une prison publique ou particulière, — soit enfin que le débiteur soit inféodé, humble serf, au domaine de son seigneur, et attaché à la glèbe. C'est à peine, Messieurs, si dans un très petit nombre d'Etats de notre vieille Europe, dans le Hanovre, par exemple, la contrainte par corps n'est pas en vigueur, et encore suis-je fondé à soupçonner qu'elle y a son équivalent. Quant aux peuples de l'Antiquité, je ne connais guère que les Juifs, ce peuple de Dieu, qui ne l'ait pas pratiquée, bien qu'à mon avis, il n'y ait rien de bien certain sur ce point, puisque des

(1) M. Troplong.

textes de l'Evangile, celui, entr'autres, de la parabole que vous venez de nous rappeler, Théodore, semblent autoriser à croire que du temps du Christ, la contrainte par corps n'était pas inusitée parmi les enfants d'Israël. — Au surplus, ce serait une exception, et rien de plus, qui confirmerait la règle générale si bien constatée, dans ces lignes, par le savant Saumaise : « Apud Antiquos et *jure* et *more* hoc factum est ut aliquis se pro-credito obligaret. »

Aussi, Messieurs, pour le jurisconsulte, et à plus forte raison, pour le publiciste et le législateur, notre question est-elle moins une question de droit qu'une question de fait, — Oui ou non, entendue comme l'entend le code Napoléon, et conséquemment réduite à sa plus simple expression, sans aucun caractère de *nexus*, *d'addictio*, de *custodia privata*, ou même de servage,— la contrainte par corps est-elle, dans des cas spéciaux et exceptionnels, utile, disons mieux, nécessaire pour garantir ou amener le paiement d'une dette ? Si vous répondez oui, tout est dit entre nous ; résolu est notre problème ! La contrainte par corps est une *nécessité sociale*, *Anangké* ! à laquelle, bon gré, malgré, il faut alors immoler la liberté individuelle !

Wisseman. — Comme vous, Rechtmasser, j'admettrais volontiers l'affirmative *dans ces cas*. Mais ces cas, quels sont-ils ? *That is the question* !

Théodore. — Quelle que soit la *prudence* de votre solution (1) je ne crois pas que ma doctrine, toute de frater-

(1) *Responsa Prudentium*.

nité et d'amour, puisse le céder, en aucune façon, à toute autre doctrine, si *recommandée* qu'elle soit par ce que vous appelez la *nécessité sociale*, — si cette nécessité (remarquez bien ceci) n'est pas marquée au même coin que celle du droit de punir, lequel, en dépit des sophistiques et calomnieuses affirmations de Rousseau, est non moins incontestable, non moins sacré pour la religion chétienne que pour la société elle-même.

Wisseman. — Vous m'avez deviné, Théodore! car c'est là justement ce que j'allais ajouter; — Mais grâce à cette précision, je ne vois guère que les *Cyniques* ou les *Anarchistes*, ces *cyniques* modernes, qui puissent disputer à l'Etat où à la Société la légitimité de la contrainte par corps. — Et, en effet, dès que pour contraindre un débiteur retardataire à payer sa dette, il faut, d'après vous, à peu de chose près, les mêmes raisons que pour forcer un coupable à expier son crime, il est certain que la contrainte de l'un est tout aussi légitime que la peine de l'autre : *ubi eadem ratio, idem jus.*

Théodore. — Je vous l'accorde! mais qu'il soit bien entendu entre nous, que cette légitimité n'existe qu'autant qu'on peut imputer au débiteur une faute volontaire, *culpa*, et non une simple négligence ou une imprudence sans fraude — *peccatum!*

Rechtmasser. — De sorte que, si je vous ai bien compris, la loi humaine ne frapperait légitimement le débiteur dans sa liberté physique, où ce qui revient au même, ne lui enlèverait, à juste titre, ce que les théologiens nomment *libertas à coactione*, qu'en cas de dol, de mauvaise foi, de subterfuges et de fraudes?

Théodore et *Wisseman.* — C'est bien cela !

Rechtmasser. — Ainsi donc, toutes les fois qu'un débiteur sera, pour ainsi dire, un *délinquant*, vous réprimerez son *délit* par la contrainte corporelle.

Thèodore. — Sans doute ! parce qu'alors le bien public, ainsi que l'ont fait remarquer tous les Théologiens, depuis Saint-Thomas jusqu'à Liebermann, exigera cette mesure de rigueur.

Wisseman. — Assurément ! car où commence le délit, là doit finir la liberté !

Rechtmasser. — Fort bien ! (ainsi parlaient Lhospital, Dargentré, Henrys, Daguesseau). A leur avis, la contrainte par corps devait être la *punition* des *subterfuges*, de la *perfidie*, d'une espèce de *délit*, d'une *mauvaise foi évidente*, imprégnée comme d'un *mélange* de crime, (1) et accompagnée de manœuvres qui portent atteinte à la foi des contrats et au crédit public. Eh bien ! Je ne prétends pas autre chose !

Vous venez de plaider la cause de la liberté. — « Et moi aussi, dirai-je avec Tronchet, j'aime la liberté, » mais la liberté modérée, la liberté qui n'est pas la licence! Je ne veux pas de cette liberté, effrénée et sans bornes, qui fait ce que la loi défend. — Est-elle le pouvoir de vivre à son gré, suivant la définition de Cicéron ? Ou bien n'est-elle que le droit de faire ce que les lois permettent ? Je

(1) Expression de Daguesseau.

comprends la liberté du bien! mais la liberté du mal, cette liberté qui ne serait autre chose que l'absence de tout frein ,l'affranchissement de toute règle, l'exonération de toute obligation, le droit de se libérer impunément d'une dette en ne la payant pas, je ne la comprendrai jamais ! — Telle est la liberté du sauvage et du fripon ! L'homme civilisé, l'homme honnête ne la connaissent pas. Qu'il n'y ait pas de nécessité pour le bien, c'est le mérite et l'honneur de la liberté humaine ! mais qu'il en existe une contre le mal, c'est le droit et le devoir de la société qui, en même temps qu'elle reconnaît, protège et sanctionne l'usage de la liberté, a mission d'en réprimer l'abus, et d'en empêcher les écarts.

Vainement m'objecterait-on avec les partisans de la liberté illimitée des débiteurs, que si, en matière commerciale, la loi doit faire plus de cas de l'aisance publique que de la liberté des citoyens — elle doit en matière civile, toujours préférer la liberté du citoyen à l'aisance publique ! Brillante plutôt que solide antithèse de Montesquieu ! Est-ce que l'aisance publique n'est pas, dans tous les cas, préférable à la liberté privée ?— Si l'abus, si les excès de la liberté en ont nécessité la restriction, cette restriction ne devient-elle pas, par là même, la double garantie de la sécurité et de la liberté de tous ? Ne déclamons pas ! — Raisonnons. — La liberté en soi est un bien, un droit inhérent (à la nature humaine) (1) et inaliénable ! Soit, mais comme tous les biens et les droits de ce monde, elle est, passez moi cette expression, susceptible d'être expropriée pour cause d'utilité publique. — Toute

(1) Jefferson, président des Etats-Unis.

la question est donc de savoir si la contrainte par corps, cette limite imposée par la loi civile à la liberté naturelle, est, ou non, utile à la société. Or, pour tout homme qui sait combien, aujourd'hui encore, de même qu'au 16me siècle, sous l'ordonnance de Moulins, il importe de déjouer et de prévenir toutes les *machinations* et tous les *subterfuges* de la mauvaise foi, l'affirmative ne saurait être douteuse. Il en est de l'Etat, comme d'une banque, comme du commerce : le *crédit* et la *confiance*, voilà ses meilleurs fonds (1)! Mais qu'est-ce que la contrainte par corps, sinon une mesure destinée à sauvegarder l'un et l'autre, parce qu'elle est fondée tant sur l'intérêt public de la société, que sur l'intérêt particulier du créancier et du débiteur ?

Si je ne me trompe, Messieurs, en raisonnant ainsi, je me place dans un milieu également éloigné des deux extrêmes contraires — l'*in partes secanto* des Tables decemvirales — et le Décret conventionnel du 9 mars 1793, renouvelé en 1848, par un décret presque aussitôt rapporté que promulgué.

Théodore. — En cela, Rechtmasser, vous vous montrez digne de votre nom et de votre *office* de Jurisconsulte, le droit n'étant pour vous, comme pour Wisseman et pour moi, que le fruit de l'hymen de l'Absolu et du Relatif, de l'Idéal et du Réel, le trait qui unit la Justice spéculative et la Justice pratique, en un mot, le Juste.

Wisseman.—Vous ne pouviez mieux exprimer notre com-

(1) Démosthène.

mune pensée, Théodore ; et c'est pourquoi, Rechtmasser, je ne serais pas fâché de vous entendre synthétiser vos idées en quelques paroles.

Rechtmasser. — Les voici sous la forme d'un théorème mathémathique,et tout entières contenues,comme la plante dans son germe, — dans leur formule la plus générale et la plus compréhensive :

« Tout débiteur retardaire, expressément et judiciairement convaincu, — soit d'avoir su ou dû savoir, en contractant une dette, qu'il ne pourrait la payer — soit d'avoir frauduleusement trompé son créancier sur la nature et l'importance des garanties par lui fournies, — soit de s'être faussement dit ou volontairement mis hors d'état de payer lors ou depuis l'échéance de sa dette, — soit enfin d'avoir sciemment résisté à un ordre de justice lui enjoignant un abandonnement ou une restitution, sera contraint par corps à remplir ses engagemens. »

Voila le *principe*, Messieurs ! — Vous l'avez sans doute remarqué, il n'est que la consécration de ces règles de droit, de raison et de religion, — que nul ne peut s'enrichir aux dépens d'autrui, — que nul ne doit se jouer de sa foi — qu'il faut rendre à chacun ce qui lui apppartient, et obéir aux pouvoirs publics établis *in bonum*, dans l'intérêt de tous. Il est littéralement inscrit dans le Code civil des Français.

Ai-je besoin d'ajouter que ce principe pourrait fléchir devant plusieurs exceptions, dont *quelques-unes* seulement sont posées par ce Code et qui reposeraient sur certaines nécessités de sexe, d'age, et autres circonstances spéciales?

Théodore. — A merveille ! si, en effet, l'incarcération des débiteurs amène, dans la plupart des cas, le paiement de leurs dettes, ou l'exécution de leurs obligations.

Wisseman.— Ainsi posée, la question n'est plus qu'une question de statistique ; et si la *contrainte* par corps a pour elle le puissant auxiliaire du *quod plerumque fit* du jurisconsulte romain, je conclûrai volontiers avec vous, que *quant à présent*, elle a sa raison d'être dans cette nécessité sociale dont nous parlions tout à l'heure, base fondamentale de toute loi coërcitive ; et loin de la ranger parmi « ces traditions qui n'ont *appui* qu'en la barbe chenue et rides de l'usage, » (1) je serai disposé à admettre qu'elle est l'expression fatale des besoins et des mœurs de la société.

Rechtmasser.— Comme sur toute matière, la statistique présente le *pour* et le *contre* sur notre question. Je dois confesser cependant qu'à entendre un des économistes les plus remarquables de notre temps, (2) sa réponse se-serait, ce semble, plutôt négative qu'affirmative.

Théodore. — Et conséquemment douteuse, — D'où la logique juridique induirait naturellement qu'elle est plutôt contraire que favorable à l'exercice de la contrainte par corps.

Wisseman — A ce compte, Rechtmasser, votre thèse manquerait, *en fait*, d'un de ses plus solides *appuis*.

---

(1) Montaigne.

(2) Ch. Coquelin.

Rechtmasser. — Cela fût-il, et je le conteste en matière commerciale, et même en matière civile, — resterait à savoir si, à n'envisager la contrainte par corps que comme une *peine*, si j'ose le dire, moitié *criminelle*, moitié *civile*, et indépendamment de l'intérêt particulier du créancier, — il n'importerait pas à la chose publique que cette *peine* fût infligée à tout débiteur qui l'aurait *encourue*. — Pour moi, je n'hésite pas à penser qu'il n'en saurait être autrement, — si on ne veut encourager le dol et la fraude.

Wisseman. — Mais alors, faudra-t-il, au moins, que les tribunaux appelés à la prononeer, statuent sur ce point, à la manière des tribunaux de répression— sur des preuves certaines, et non sur de pures présomptions !

Théodore. — Qui oserait le nier? La fraude ne se présume pas!

Rechtmasser. — Très bien! Et avec d'autant plus de raison, qu'en cas de délit, que dis-je? d'une simple contravention, n'entraînant d'ordinaire qu'une minime peine pécuniaire (l'amende), le juge, vous le savez, ne peut condamner que sur preuves formelles. —Pourquoi donc n'en serait-il pas ainsi, quand il s'agit d'une condamnation qui, par ses conséquences materielles et morales, participe à la fois de la peine *pécuniaire* et de la peine *corporelle* !

Wisseman. — Cela ne revient-il pas à dire que le juge décidera *suivant les circonstances*? (1)

---

(1) V art.72.ord.1842 sur la justice en Algérie.

Rechtmasser. — Sans doute ,— mais avec cette restriction capitale, que ces circonstances seront textuellement prévues et déterminées par la loi.

Théodore. — C'était la pensée de Bacon : *optimus judex qui minimùm sibi...*

Rechtmasser.— Traduite en ce mot plaisant et profond : Défiez-vous de l'équité des parlements !

Wisseman.— Votre thèse ainsi limitée, je me range entiérement à votre avis.

Théodore. — Et moi aussi, mais sous une réserve.

Rechtmasser. — Laquelle?

Théodore.— La réserve de l'avenir religieux du monde.

Wisseman. — Et celle de son progrès social; deux horizons, lointains encore peut-être, mais certains, d'une Humanité perfectionnée, que j'entrevois avec bonheur à travers les limbes de notre époque de transition ! — Oui, Messieurs, oui, un jour viendra où nos neveux diront de beaucoup d'institutions de la vieille Europe, ce que raconte Tacite de celles de la vieille Rome : *Multa duritiei Veterum meliùs et lætiùs mutata* !

Rechtmasser. — *Acte de vos réserves* ! Et certes, j'aurais mauvaise grâce à vous le refuser ! — Ne m'avez-vous pas accordé tout ce que je vous demandais? N'est-ce pas désormais une vérité acquise pour nous qu'en notre matière, la loi civile, ayant à louvoyer entre deux écueils, d'un côté, le respect de la liberté de l'homme, et de l'autre, la crainte de négliger la garantie de la propriété contre le dol et la mauvaise foi,—devait, dans tout pays, « ennemi de subjection aultre que celle des enfans envers leur père et mère» (1)— être circonscrite dans les plus étroites et les plus nécessaires limites? Or, n'était-ce pas là mon *quod erat demonstrandum* ?

Encore un mot, s'il vous plaît, et ce mot résume toute ma pensée. Je suppose deux hommes isolés un instant de tout pouvoir social. L'un, créancier de l'autre, lui dit : « Paie moi ce que tu me dois, *redde quod debes* » L'autre répond : « Je ne veux pas payer » ou de mauvaise foi : « Je ne peux pas payer » — Que repliquera le créancier à son débiteur ?—Au nom de la foi violée, au nom de la justice, au nom du droit, il fera immanquablement appel à la force matérielle: « Puisque tu ne veux pas me payer, je vais t'y contraindre. »

Eh bien! Messieurs, ce que dirait ce créancier, s'il en était réduit à se faire justice à lui-même, la loi le dit pour lui à tout débiteur frauduleux et de mauvaise foi. Est-il rien de plus rationnel, de plus chrétien et de plus juste ?

Théodore. — Evidemment non !

Wisseman. — Je suis forcé de convenir qu'étant donné notre état social, la contrainte par corps est du nombre de ces choses *légitimes*, parcequ'elles sont *nécessaires*, dont

(1) L'hospital parle ainsi de la France.

Quintilien dit avec tant de justesse : « Sunt quædam non laudabilia *naturâ*, sed *jure* concessa. »

Théodore. — Et j'ajoute avec lui : Et aliquid *æquum*, sed prohibitum *jure*. (1)

Rechtmasser. — Chose singulière ! et qui prouve une fois de plus qu'il n'y a pas d'île dans le monde de l'intelligence, cette judicieuse réflexion que vous appliquez si à propos à la *contrainte* par corps, Quintilien en donne pour exemple, la *liberté* des testaments, « ut *libertas* testamentorum ». !

Théodore. — Et c'est ainsi que la Loi, la Charité et la Justice forment une admirable trilogie dont chaque membre pris isolément semble être, à certains egards, frappé d'impuissance, tandis que réunis dans le sein de la société, ils y engendrent la vie, le mouvement et le progrès.

Wisseman. — Très bien !

Rechtmasser. — Parfaitement !

Wisseman. — Mais ne pensez-vous pas, Théodore, que ce que vous dites de la Loi, de la Charité et de la Justice, nous pourrions le dire aussi de la Nature, de l'Equité et du Droit?

Théodore. — Qui en doute ? ne sont-ce pas autant de termes correspondants d'une seule et même trilogie?

---

(1) V supra p. 3.

Wisseman. — Nous avons, Messieurs, établi et proclamé les *principes* de la contrainte par corps — Mais à peine avons-nous exécuté la première partie de notre programme — Après les *principes*, les conséquences !

Théodote. — Je les presseus déjà ; mais il me tarde de les connaître.

Wisseman. — Autant qu'à moi de les voir appliquer par Rechtmasser, à un pays qui fut le principal théâtre des Pères rédempteurs, et qui, grâce à la France, ce Vicaire terrestre de Dieu (1) dans l'ordre des choses morales, deviendra, n'en doutez pas, celui d'une législation progressive-modèle.

Rechtmasser. — A vos ordres, mes amis ! Mais, comme je prévois qu'à moi seul, je ferai à peu près tous les frais de notre nouvel Entretien, veuillez m'accorder, je vous prie, huit jours d'étude, de recueillement et de méditations. Ce n'est pas trop de temps, je pense, pour la préparation d'une thèse qui intéresse vivement tous les pays civilisés, et spécialement l'Algérie.

En ce moment, le soleil lançant ses derniers rayons sur un ciel de pourpre, plongeait majestueusement son disque enflammé dans les flots scintillants d'or et d'azur. --Déjà l'Orient assombri se voilait des ombres naissantes de la

(1) Gesta Dei *per* Francos.

nuit, et semblable au signe vénéré de l'Islam sur le sommet d'un minaret, le Croissant argenté de la lune s'élevait par-dessus la plus haute cîme du Jurjurah. Les rares oiseaux du Jardin des Condamnés (2) achevaient tristement leur hymne d'adieu au soleil, — perchés, sur les branches tremblantes et presque sans feuilles des bellombras, et l'on n'entendait plus que les pas solitaires de citadins attardés, et le gémissement monotone de la mer sur la grève déserte de Bab-el-Oued.

— Cinq heures sonnent à l'horloge de la place du Gouvernement ! ajouta Rechtmasser — Rentrons dans notre hôtel.

III

Cinq jours après, revenant, sur le soir, du gracieux village de St. Eugène, nos voyageurs, arrivés à l'angle de la rue Fonderie, en virent sortir, — marchant côte-à-côte, comme deux tendres époux, — et devancés par un tout jeune enfant aux joues de lys et de rose, — un homme et une femme dont le visage, pâle et souffrant, annonçait cependant je ne sais quelle joie douce et mélancolique.

---

(1) Un des noms du jardin Marengo.

Tout-à-coup la femme se précipita vers eux, entraînant son mari avec elle, et, se jetant à leurs pieds, les yeux inondés de larmes de bonheur et de reconnaissance :

— « Alexis ! s'écria-t-elle, voilà nos Libérateurs ! ! »

J. C. F.

Alger, 29 Février 1860.

ALGER. Imprimerie Typographique-Lithographique BOUYER, rues de la Marine et de la Flèche.

www.ingramcontent.com/pod-product-compliance
Ingram Content Group UK Ltd.
Pitfield, Milton Keynes, MK11 3LW, UK
UKHW022143190726
13855UKWH00003B/1318

9 782013 074469